Recipe:...

Ingredients:...

....

....

....

....

....

....

....

....

....

....

....

....

....

....

....

Notes

....

....

....

Recipe:...

Ingredients:...

....

....

....

....

....

....

....

....

....

....

....

....

....

....

Notes

....

....

....

Recipe:..

Ingredients:...

....

....

....

....

....

....

....

....

....

....

....

....

....

Notes

....

....

....

Recipe:..

Ingredients:...

....

....

....

....

....

....

....

....

....

....

....

....

....

Notes

....

....

....

Recipe:...

Ingredients:..

....

....

....

....

....

....

....

....

....

....

....

....

....

....

Notes

....

....

....

Recipe:..

Ingredients:...

....

....

....

....

....

....

....

....

....

....

....

....

....

....

Notes
....
....
....

Recipe:..

Ingredients:...

....

....

....

....

....

....

....

....

....

....

....

....

Notes

....

....

....

Recipe:..

Ingredients:...

....

....

....

....

....

....

....

....

....

....

....

....

....

....

Notes

....

....

....

Recipe:..

Ingredients:..

....

....

....

....

....

....

....

....

....

....

....

....

....

....

....

Notes

....

....

....

Recipe: ....

Ingredients: ....

....

....

....

....

....

....

....

....

....

....

....

....

....

Notes

....

....

....

Recipe:..

Ingredients:...

....

....

....

....

....

....

....

....

....

....

....

....

....

....

Notes

....

....

....

Recipe:...

Ingredients:...

....

....

....

....

....

....

....

....

....

....

....

....

....

....

Notes

....

....

....

Recipe:..

Ingredients:..

....

....

....

....

....

....

....

....

....

....

....

....

....

....

....

....

Notes

....

....

....

Recipe:..

Ingredients:...

....

....

....

....

....

....

....

....

....

....

....

....

....

Notes

....

....

....

Recipe:...

Ingredients:...

....

....

....

....

....

....

....

....

....

....

....

....

....

....

Notes

....

....

....

Recipe:..

Ingredients:..

....

....

....

....

....

....

....

....

....

....

....

....

....

....

Notes

....

....

....

Recipe:..

Ingredients:...

....

....

....

....

....

....

....

....

....

....

....

....

....

....

Notes

....

....

....

Recipe:..

Ingredients:..

....

....

....

....

....

....

....

....

....

....

....

....

....

....

....

Notes

....

....

....

Recipe: ....

Ingredients: ....

....

....

....

....

....

....

....

....

....

....

....

....

....

....

Notes

....

....

....

Recipe:...

Ingredients:...

....

....

....

....

....

....

....

....

....

....

....

....

....

Notes

....

....

....

Recipe:...

Ingredients:...

....

....

....

....

....

....

....

....

....

....

....

....

....

....

Notes

....

....

....

Recipe:..

Ingredients:..

....

....

....

....

....

....

....

....

....

....

....

....

....

Notes

....

....

....

Recipe:..

Ingredients:..

....

....

....

....

....

....

....

....

....

....

....

....

....

....

....

Notes

....

....

....

Recipe:...

Ingredients:..

....

....

....

....

....

....

....

....

....

....

....

....

....

Notes

....

....

....

Recipe:...

Ingredients:..

....

....

....

....

....

....

....

....

....

....

....

....

....

....

Notes

....

....

....

Recipe:..

Ingredients:...

....

....

....

....

....

....

....

....

....

....

....

....

....

Notes

....

....

....

Recipe:...

Ingredients:...

....

....

....

....

....

....

....

....

....

....

....

....

....

Notes

....

....

....

Recipe:..

Ingredients:...

....

....

....

....

....

....

....

....

....

....

....

....

....

Notes

....

....

....

Recipe:...

Ingredients:...

....

....

....

....

....

....

....

....

....

....

....

....

....

....

....

Notes

....

....

....

Recipe:...

Ingredients:..

....

....

....

....

....

....

....

....

....

....

....

....

....

Notes

....

....

....

Recipe:...

Ingredients:..
....
....
....
....
....
....
....
....
....
....
....
....
....
....
....

Notes

....
....
....

Recipe:...

Ingredients:...

....

....

....

....

....

....

....

....

....

....

....

....

....

....

Notes

....

....

....

Recipe:..

Ingredients:..

....

....

....

....

....

....

....

....

....

....

....

....

....

....

Notes

....

....

....

Recipe:..

Ingredients:...

....

....

....

....

....

....

....

....

....

....

....

....

....

....

Notes

....

....

....

Recipe:..

Ingredients:..

....

....

....

....

....

....

....

....

....

....

....

....

....

....

Notes

....

....

....

Recipe:..

Ingredients:...

....

....

....

....

....

....

....

....

....

....

....

....

....

Notes

....

....

....

Recipe:..

Ingredients:..

....

....

....

....

....

....

....

....

....

....

....

....

....

Notes

....

....

....

Recipe:..

Ingredients:...

....

....

....

....

....

....

....

....

....

....

....

....

....

....

Notes

....

....

....

Recipe:..

Ingredients:...

....

....

....

....

....

....

....

....

....

....

....

....

....

....

Notes

....

....

....

Recipe:...

Ingredients:..

....

....

....

....

....

....

....

....

....

....

....

....

....

....

Notes

....

....

....

Recipe:..

Ingredients:..

....

....

....

....

....

....

....

....

....

....

....

....

....

....

Notes

....

....

....

Recipe:...

Ingredients:...

....

....

....

....

....

....

....

....

....

....

....

....

....

Notes

....

....

....

Recipe:...

Ingredients:..
....
....
....
....
....
....
....
....
....
....
....
....
....
....

Notes
....
....
....

Recipe:..

Ingredients:..

....

....

....

....

....

....

....

....

....

....

....

....

....

....

Notes

....

....

....

Recipe:..

Ingredients:...

....

....

....

....

....

....

....

....

....

....

....

....

....

....

....

Notes

....

....

....

Recipe:..

Ingredients:...

....

....

....

....

....

....

....

....

....

....

....

....

....

Notes

....

....

....

Recipe:..

Ingredients:..

....

....

....

....

....

....

....

....

....

....

....

....

....

....

Notes

....

....

....

Recipe:...

Ingredients:...

....

....

....

....

....

....

....

....

....

....

....

....

....

Notes

....

....

....

Recipe:..

Ingredients:...

....

....

....

....

....

....

....

....

....

....

....

....

....

Notes

....

....

....

Recipe:..

Ingredients:...

....

....

....

....

....

....

....

....

....

....

....

....

....

Notes

....

....

....

Recipe:..

Ingredients:...

....

....

....

....

....

....

....

....

....

....

....

....

....

....

Notes

....

....

....

Recipe:..

Ingredients:...

....

....

....

....

....

....

....

....

....

....

....

....

....

....

Notes

....

....

....

Recipe:..

Ingredients:..

....

....

....

....

....

....

....

....

....

....

....

....

....

....

Notes

....

....

....

Recipe:..

Ingredients:...

....

....

....

....

....

....

....

....

....

....

....

....

....

Notes

....

....

....

Recipe:..

Ingredients:...

....

....

....

....

....

....

....

....

....

....

....

....

....

Notes

....

....

....

Recipe:..

Ingredients:...

....

....

....

....

....

....

....

....

....

....

....

....

....

....

Notes

....

....

....

Recipe:..

Ingredients:...

....

....

....

....

....

....

....

....

....

....

....

....

....

....

Notes

....

....

....

Recipe:...

Ingredients:...

....

....

....

....

....

....

....

....

....

....

....

....

....

Notes

....

....

....

Recipe:...

Ingredients:...

....

....

....

....

....

....

....

....

....

....

....

....

....

....

Notes

....

....

....

Recipe:...

Ingredients:...

....

....

....

....

....

....

....

....

....

....

....

....

....

Notes

....

....

....

Recipe:..

Ingredients:..

....

....

....

....

....

....

....

....

....

....

....

....

....

....

Notes

....

....

....

Recipe:...

Ingredients:...

....

....

....

....

....

....

....

....

....

....

....

....

....

....

Notes

....

....

....

Recipe: ....

Ingredients: ....

....

....

....

....

....

....

....

....

....

....

....

....

....

....

Notes

....

....

....

Recipe:..

Ingredients:..

....

....

....

....

....

....

....

....

....

....

....

....

....

Notes

....

....

....

Recipe:..

Ingredients:...

....

....

....

....

....

....

....

....

....

....

....

....

....

....

....

Notes

....

....

....

Recipe:...

Ingredients:...

....

....

....

....

....

....

....

....

....

....

....

....

....

....

Notes

....

....

....

Recipe:..

Ingredients:..

....

....

....

....

....

....

....

....

....

....

....

....

....

Notes

....

....

....

Recipe:...

Ingredients:...

....

....

....

....

....

....

....

....

....

....

....

....

....

Notes

....

....

....

Recipe:...

Ingredients:..

....
....
....
....
....
....
....
....
....
....
....
....
....

Notes

....
....
....

Recipe:..

Ingredients:..

....

....

....

....

....

....

....

....

....

....

....

....

....

....

Notes

....

....

....

Recipe:..

Ingredients:...

....

....

....

....

....

....

....

....

....

....

....

....

....

....

....

Notes

....

....

....

Recipe:..

Ingredients:...

....

....

....

....

....

....

....

....

....

....

....

....

....

Notes

....

....

....

Recipe:...

Ingredients:...

....
....
....
....
....
....
....
....
....
....
....
....
....
....

Notes

....
....
....

Recipe:...

Ingredients:...

....

....

....

....

....

....

....

....

....

....

....

....

....

....

Notes

....

....

....

Recipe:..

Ingredients:...

....

....

....

....

....

....

....

....

....

....

....

....

....

....

Notes

....

....

....

Recipe:..

Ingredients:...

....

....

....

....

....

....

....

....

....

....

....

....

....

....

Notes

....

....

....

Recipe:...

Ingredients:...

....

....

....

....

....

....

....

....

....

....

....

....

....

....

Notes

....

....

....

Recipe:...

Ingredients:..

....

....

....

....

....

....

....

....

....

....

....

....

....

Notes

....

....

....

Recipe:..

Ingredients:..

....

....

....

....

....

....

....

....

....

....

....

....

....

Notes

....

....

....

Recipe:...

Ingredients:..

....

....

....

....

....

....

....

....

....

....

....

....

....

....

Notes

....

....

....

Recipe:..

Ingredients:...

....

....

....

....

....

....

....

....

....

....

....

....

....

....

Notes

....

....

....

Recipe:..

Ingredients:...

....

....

....

....

....

....

....

....

....

....

....

....

....

Notes

....

....

....

Recipe:...

Ingredients:...

....

....

....

....

....

....

....

....

....

....

....

....

....

....

....

Notes

....

....

....

Recipe:...

Ingredients:..

....

....

....

....

....

....

....

....

....

....

....

....

....

Notes

....

....

....

Recipe:..

Ingredients:...

....

....

....

....

....

....

....

....

....

....

....

....

....

....

Notes

....

....

....

Recipe:...

Ingredients:...

....

....

....

....

....

....

....

....

....

....

....

....

....

Notes

....

....

....

Recipe:...

Ingredients:...

....

....

....

....

....

....

....

....

....

....

....

....

....

....

Notes

....

....

....

Recipe:...

Ingredients:...

....

....

....

....

....

....

....

....

....

....

....

....

....

....

Notes

....

....

....

Recipe:..

Ingredients:..

....

....

....

....

....

....

....

....

....

....

....

....

....

....

Notes

....

....

....

Recipe:...

Ingredients:..

....

....

....

....

....

....

....

....

....

....

....

....

....

Notes

....

....

....

Recipe:..

Ingredients:...

....

....

....

....

....

....

....

....

....

....

....

....

....

....

Notes

....

....

....

Recipe:..

Ingredients:..

....

....

....

....

....

....

....

....

....

....

....

....

....

....

Notes

....

....

....

Recipe:...

Ingredients:..

....

....

....

....

....

....

....

....

....

....

....

....

....

Notes

....

....

....

Recipe:..

Ingredients:...

....

....

....

....

....

....

....

....

....

....

....

....

....

....

Notes

....

....

....

Recipe:..

Ingredients:...

....

....

....

....

....

....

....

....

....

....

....

....

....

....

....

Notes

....

....

....

Recipe:..

Ingredients:...

....

....

....

....

....

....

....

....

....

....

....

....

....

Notes

....

....

....

Recipe:...

Ingredients:..

....

....

....

....

....

....

....

....

....

....

....

....

....

Notes

....

....

....

Recipe:..

Ingredients:..

....

....

....

....

....

....

....

....

....

....

....

....

....

Notes

....

....

....

Recipe:..

Ingredients:...

....

....

....

....

....

....

....

....

....

....

....

....

....

Notes

....

....

....

Recipe:..

Ingredients:...

....

....

....

....

....

....

....

....

....

....

....

....

....

Notes

....

....

....

www.ingramcontent.com/pod-product-compliance
Lightning Source LLC
Chambersburg PA
CBHW030950240526
45463CB00016B/2313